Lib. 435.

SERMON

D'ACTION DE GRACES

POUR LES VICTOIRES

DE L'ARMÉE FRANÇAISE,

Prononcé, à Anduze, Département du Gard, le 19 brumaire (10 novembre 1805).

Par J. A. BLACHON, Pasteur , Président du Consistoire.

A NISMES,

Chez J. A. TEXIER , Imprimeur de la Préfecture du Gard et du Consistoire d'Anduze.

An 14-1805.

AVIS AU LECTEUR.

C E Discours, composé à la hâte, n'a été livré à l'impression que pour donner au Public, en tant que de besoin, une nouvelle preuve des sentimens qui animent les Pasteurs et les Fidelles de l'Église réformée d'Anduze, lesquels ne prétendent en cela qu'être les dignes émules de tous les vrais Français.

SERMON

SUR CES PAROLES DE N.-S.

Rendez à César ce qui est à César,
et à Dieu ce qui est à Dieu. Ev.
de St. Mathieu, ch. 22, ℣. 21.

EXORDE.

Il n'y a que quelques jours, MES TRÈS-CHERS FRÈRES, que nous vous entretenions des dangers dont les ennemis de la France la menaçaient, et déjà des chants de triomphe se font entendre dans nos camps et dans tout l'Empire. Nous avions, il est vrai, la douce confiance que Dieu bénirait les armes de nos guerriers, mais ce n'était pas sans crainte d'une grande effusion de sang, et voilà que presque sans coup férir, du moins comparativement aux avantages de la victoire, une armée de cent mille hommes est dissipée, notre allié est rétabli dans ses États, notre ennemi tremble pour les siens, le but de la campagne est rempli. A l'ouïe de ces merveilles notre pensée se tourne d'abord naturellement vers leurs causes visibles, vers ce Héros qui en a conçu et exécuté le plan, et vers les braves qui l'ont secondé. Mais bientôt aussi la raison et la religion nous font remonter à l'Arbitre Suprême des destinées duquel dépendent toutes les choses humaines, et notre Héros lui-même rend cet hommage à la Providence Divine. C'est l'esprit de la lettre que nous avons reçue à ce sujet de S. E. le Ministre des Cultes.

Pour répondre aux intentions de S. M., à nos sentimens communs et à nos devoirs, et afin de vous présenter les principales idées qui doivent nous occuper dans cette circonstance, j'emprunterai les paroles que prononça la sagesse éternelle pour faire connaître aux Juifs leurs obligations envers l'Empereur Romain : *Rendez à César ce qui est à César, et à Dieu ce qui est à Dieu.*

En effet, M. F., tout nous dit aujourd'hui d'élever à Dieu nos esprits et nos cœurs, de lui rendre nos hommages, nos actions de grâces ; *à Dieu*, premièrement, *ce qui est à Dieu* : et le fils de Dieu lui-même, interprète de la volonté de son Père, ne nous ordonne pas moins de rendre *à César ce qui est à César*.

Tel sera aussi le partage de ce discours, consacré tout à la fois à la gloire de Dieu par-dessus tout, et à celle de l'Empereur, qu'il a établi sur nous. --- Temps heureux, où ces devoirs que nous aimons également à remplir ne paraissent plus se contredire, comme ils le faisaient lorsque nos Rois ne respectant pas nos obligations envers Dieu nous imputaient à crime de nous en acquitter. Aujourd'hui, au contraire, le Prince qui nous gouverne, le GRAND NAPOLÉON, rendant lui-même *à Dieu ce-qui est à Dieu*, veut que chacun suive à cet égard le mouvement de sa conscience; il ne réclame pour *César que ce qui est à César*. Ainsi seront en harmonie tous nos sentimens. Ainsi la terre répondra au ciel, et le ciel à la terre. Ainsi soit-il !

PREMIÈRE PARTIE.

Que Dieu soit l'auteur et le conservateur des Empires, qu'il élève l'un, qu'il abaisse l'autre, c'est ce que ses perfections infinies lui inspirent et le mettent en état d'exécuter. Après avoir créé le monde il ne l'a pas entièrement abandonné aux passions des hommes; il se sert au contraire de ces passions même pour l'accomplissement de ses desseins. Dans ses conseils éternels il a résolu que les

Individus et les Corps politiques , les Familles , les Peuplades , les Républiques , les Royaumes , les Empires , se succéderaient pour le développement des facultés humaines , et pour l'avancement graduel de l'ordre final qu'il s'est proposé d'établir. Mais ces sublimes desseins sont trop élevés , trop vastes , pour que nous puissions toujours en apercevoir l'enchaînement et en prévoir le résultat. Il n'y a que le *peuple de Dieu* sur lequel il nous ait été donné de comprendre une bonne partie de ses destinées. Nous voyons qu'il était le seul en possession de la connaissance du vrai Dieu , seul dépositaire de ses oracles , seul appelé à l'attente du Messie , et que seul encore aujourd'hui il présente le spectacle d'un peuple dispersé parmi tous les peuples sans se confondre avec aucun , peuple subsistant comme par un miracle continuel pour être un monument de tous les miracles dont il a été l'objet et pour devenir encore l'instrument de la Providence dans ses vues ultérieures , tant sur lui , que sur toutes les Nations. Que d'événemens divers , vous le savez , M. F. , composent son histoire ! Que de châtimens , que de délivrances furent le sujet de leurs humiliations , de leurs actions de grâces envers le Dieu de leurs pères !

Les autres Peuples , les autres Rois , ne connaissaient pas le vrai Dieu , mais ils croyaient aux faux Dieux qu'ils appelaient les Dieux de leur pays. Il n'y eut jamais que quelques Princes assez insensés pour méconnaître absolument leur dépendance. Tel Nabuchodnozor osa dire dans son fol orgueil : *N'est-ce pas ici Babylone la grande que j'ai bâtie par la force de mon bras et par l'étendue de ma grande puissance?* Tel Hérode reçut avec complaisance cette flatterie idolâtre : *Voix de Dieu et non pas d'un homme.* Insensés ! Le premier fut réduit pendant sept ans à l'état des brutes, et le second périt aussitôt misérablement. --- Oui , l'Éternel gouvernait aussi les peuples et les Rois qui ne le connaissaient pas et il en disposait selon ses vues, *Pharaon* devait servir par son obstination à faire éclater la délivrance du peuple qu'il tenait dans l'esclavage. *Nabuchodnozor* à châtier ce même peuple , *Cyrus* au contraire à lui rendre sa liberté et son culte, *Pilate* comme *Hérode* à consommer le crime que provoquait l'aveuglement des chefs de la nation , crime dont la sagesse et la miséricorde Divines ont tiré le salut du genre humain.

C'est ainsi, M. F. , que se manifestaient ouvertement ou qu'agissaient avec moins d'éclat la justice ou la bonté de l'Être Suprême , dirigées par sa sagesse et soutenues de sa Toute-Puissance. Ainsi ces perfections divines n'ont pas cessé dans les temps modernes , non plus que dans les siècles les plus reculés, et elles ne cesseront jamais d'avancer l'œuvre qu'elles ont commencé. Cet Être infini

est le même hier et aujourd'hui , et il le sera éter-
nellement.

Pouvons-nous douter par conséquent que la France ne soit aussi un des objets des soins de la Providence Divine ? Ne semble-t-elle même pas par sa position , par ses avantages naturels et acquis être destinée à avoir la plus grande influence sur le sort des autres peuples ? Mais sans porter nos vues trop loin , ni en avant , ni en arrière , ne faudrait-il pas vouloir méconnaître absolument l'intervention de cette Providence adorable pour ne pas l'apercevoir dans les événemens extraordinaires dont nous avons été les témoins depuis quelques années , dans la chute de la Dynastie, alors régnante , et dans les désastres que la France entière a éprouvés à la suite de cette commotion ? Et quand ensuite le Seigneur nous a eu retirés de cet abyme de maux ; quand nous avons vu de quel instrument il se servait pour notre délivrance ; quand nous avons eu le temps et mille occasions d'en sentir le besoin et d'en admirer le succès ; quand enfin, le GRAND NAPOLÉON , déployant tous les grands talens nécessaires au salut de la France , nous avons trouvé en lui le génie du Guerrier , du Législateur , du Négociateur , de l'Administrateur ; quand tout a concouru à lui faire décerner la couronne Impériale , avons-nous

(9)

pu douter qu'il ne soit véritablement *l'oint du Seigneur* ? N'est-il pas visible que la Providence nous a suscité ce Héros pour sauver la nation Française de sa ruine, et pour accomplir par lui et par elle ses impénétrables desseins ? --- Reconnaissons enfin , M. F., cette intervention de la Divinité dans les heureux événemens que nous célébrons aujourd'hui. Non , ce n'est pas sans sa volonté, sans son secours, sans sa bénédiction que nous avons vu un grand sujet d'alarmes faire place en peu de jours à une entière sécurité. Ce n'est pas sans sa volonté , sans son secours , sans sa bénédiction , que notre Empereur a continué d'être doué de cette pénétration du génie qui, comme par une illumination divine , voit tout distinctement d'un coup d'œil et assure d'avance le succès de ses entreprises. Ce n'est pas sans sa volonté , sans son secours , sans sa bénédiction que nos troupes ont pu supporter les grandes fatigues par lesquelles le sang a été épargné. --- Dirai-je que Dieu a frappé au contraire nos ennemis d'un esprit de vertige, qu'il a *confondu leur langage* comme il le fit aux constructeurs de la tour de Babel ? Dirai-je qu'il a répandu la terreur dans leurs camps, ou qu'il les a livrés à leur *orgueil qui va devant l'écrasement* ? Mais qui peut énumérer , ni seulement imaginer , toutes les voies de la

Providence? N'est-elle pas *grande en conseil et magnifique en moyens* ? Ah ! *Qui ne te craindrait, ô Roi des Nations et qui ne glorifierait ton Nom, car cela t'appartient* ? En un instant tu peux prononcer *pour démolir, pour arracher et pour détruire, comme pour planter et édifier. L'Éternel, l'Éternel est le Dieu fort des sciences, c'est à lui à peser les entreprises. Il appauvrit et il enrichit, il abaisse et il élève. Il élève même le pauvre de la poudre pour le faire asseoir avec les principaux et il lui donne en héritage un trône de gloire. L'Éternel jugera les bouts de la terre. Il donnera la force à son Roi ; il élevera la puissance de son oint.* Ce sont là, M. F., autant de paroles des Auteurs sacrés (1), et nous ajouterons encore avec eux : *O qu'heureuse est la Nation dont l'Éternel est le Dieu ! Oui, l'Éternel des armées est avec nous ; le Dieu de toute la terre nous est une haute retraite : Réjouissons-nous donc au Seigneur ; célébrons, bénissons son Nom.*

Cependant, M. F., en rendant à Dieu nos justes actions de grâces, ne nous livrons pas à une confiance excessive. Ne nous dissimulons pas que les dangers dont nous étions menacés subsistent encore en partie, que le fléau de la guerre pèse encore sur la France, et plus particulièrement sur nos armées, sur nos défenseurs, nos amis,

____

(1) *Samuel*, ch. 2.

nos frères , nos époux , nos enfans. Quelques-uns , hélas ! un trop grand nombre , périssent sur le champ de bataille ou de tant d'autres manières. Notre auguste Empereur lui-même affronte les plus grands périls...... Et pourquoi tout ces sacrifices? Pour la défense de la Patrie , pour maintenir notre honneur , notre indépendance , notre liberté, la sureté de nos personnes et de nos propriétés. O qui ne sentirait son cœur s'émouvoir et même s'attendrir à cette idée , *nos frères souffrent, meurent pour nous* ! Qui ne frémirait en pensant que notre Héros se confondant avec les braves qu'il commande pourrait enfin leur donner pour la dernière fois l'exemple du dévouement pour le salut de l'Empire. Ah ! M. T. C. F., tournous encore à ce sujet nos regards vers le Ciel. A nos actions de grâces joignons nos prières pour qu'il plaise au Tout-Puissant de continuer à être le protecteur de la France et de ses armées , de veiller spécialement sur la personne sacrée de notre auguste Empereur, sur cette tête si chère, si nécessaire au salut de l'État; qu'enfin il veuille bien abréger et adoucir l'épreuve par laquelle il juge à propos de nous faire passer , et lui donner l'heureuse issue d'une paix honorable et solide. Seigneur ! entends nos vœux , daigne les exaucer !

Mais , M. F. , en demandant à Dieu cette continuation de grâces et toute sa faveur , pourrons-nous oublier que nous n'avons pas mérité d'obtenir ce que nous demandons ? Hé ! reconnaissons humblement que si quelque chose peut *mettre sépa-ration entre Dieu et nous ce sont nos iniquités;* que les compassions infinies de notre Père céleste ont pu seules nous garantir de plus grands malheurs ; que l'irréligion et la corruption des mœurs n'attireraient que trop justement sur nous et sur nos frères tout le poids des vengeances célestes. Recourons donc à la miséricorde Divine par l'humilité, la contrition, la repentance. Efforçons-nous de l'émouvoir par nos larmes, nos supplications, nos résolutions d'amendement. Oui, convertissons-nous. Que cette nouvelle épreuve produise cet effet salutaire. *Qui sait*, c'est une pensée d'un Auteur sacré, *qui sait si le Seigneur ne se repentira pas alors du mal qu'il avait menacé de nous faire, et s'il ne laissera pas après lui la bénédiction, le gâteau et l'aspersion !*

Enfin, après avoir recherché tous les moyens que la religion nous indique pour nous rendre Dieu propice, et sans cesser jamais d'y recourir, voyons quels sont, dans ces circonstances, nos devoirs envers la Patrie, ou ce qui est la même chose envers Sa Majesté l'Empereur des Français. Après avoir rendu *à Dieu ce qui est à Dieu*, occupons-nous de rendre *à César ce qui est à César.* C'est le sujet de mon second point.

SECONDE PARTIE.

On peut distinguer dans les Princes leur personne et leur dignité : mais cette distinction
n'est pas avantageuse à la plupart d'entr'eux. Il
en est plus d'un dont la dignité fait le principal
mérite ; il en est qui eussent été mieux placés à
quelques degrés inférieurs ; il en est enfin , il
faut en convenir, qu'on ne saurait estimer comme
simples individus. ---- Notre Empereur au contraire s'est toujours montré digne des postes supé-
rieurs à ceux qu'il occupait. Parvenu au comble
des honneurs et de la gloire, il ne le doit qu'à
l'éminence de ses talens, de ses services. Décoré
de la pourpre Impériale, on le voit manifester
le même amour pour l'ordre , pour la justice : il
continue à servir l'État par ses travaux dans le
cabinet et dans les camps, comme il le servait
auparavant en qualité de Général et de premier
Consul. Tout entier à la France, il lui consacre
tous ses momens , toute son activité, tout son
génie. Il l'a juré et il s'en souvient ; il fait tout
pour la gloire et le bonheur du peuple Français :
paroles mémorables que nous lui avons entendu
prononcer avec l'accent de la vérité et une énergie
incomparable (1).

____

(1) *L'Auteur assista au couronnement de Sa*

Voilà, M. F., les premiers titres des hommages que nous devons à notre César; ils lui appartiennent en propre. Mais, quand il ne réunirait pas personnellement, comme il le fait, tous les genres de mérite, il nous suffirait de le considérer comme élevé à la Suprême Magistrature, pour comprendre ce que nous lui devons comme tel. Les suffrages des Français et la protection visible de la Providence lui ont imprimé un caractère nouveau qui met Sa Majesté hors de parallèle avec tout autre Français, comme il l'est par lui-même avec tout autre Prince. Sa personne devient ainsi pour nous une personne sacrée envers laquelle la religion nous impose des devoirs positifs indépendans de notre jugement, et que nous devrions remplir lors même qu'ils seraient contraires à nos opinions et à nos sentimens les plus naturels.

Oui, tel est le propre de l'autorité Divine intervenant pour faire régner l'ordre parmi les hommes. Elle veut que les Magistrats, les Princes sous toute sorte de dénomination, à plus forte raison les Souverains du plus haut rang, ne soient plus considérés comme des hommes ordinaires et jugés comme tels, mais comme ses Lieutenans et ses Vice-Rois. Vice-Rois qui peuvent abuser

---

Majesté, appelé par lettre close, comme président de Consis t oire.

de leur élévation ; mais qui conservent toujours de sa part , en vertu de leur caractère , le droit de gouverner , jusqu'à ce qu'il lui plaise d'en disposer autrement.

Nous insisterions , M. F , sur ce principe , nous vous en ferions sentir la nécessité fondée sur l'Écriture sainte , qui veut que *nous soyons soumis aux puissances supérieures, non-seulement par crainte, mais aussi à cause de la conscience* ; nous insisterions , dis-je , sur ce principe ; s'il y avait la moindre opposition entre vos sentimens et vos devoirs. Mais vous n'avez pas besoin de cet avertissement pour *rendre à César ce qui est à César* , ni notre Monarque n'a pas besoin de cette égide pour défendre les droits de sa couronne ; chez lui l'individu n'est point au-dessous de la dignité , il semble plutôt que sa dignité suprême lui ait donné de nouvelles forces qui l'élèvent en quelque sorte au-dessus de l'humanité.

C'est cet heureux accord , ce bel ensemble qui se conciliant notre respect captive aussi notre reconnaissance et notre amour pour le passé , notre confiance et notre dévouement pour l'avenir. Reprenons.

1.° D'abord, M. F. , *honneur* , *respect* , au mérite couronné , à la couronne soutenue du mérite. Qu'est-ce qui pourra sur la terre être l'objet de notre admiration , de notre vénération , si ce n'est une telle réunion de toute sorte de grandeurs. Ouvrez les annales de l'univers et voyez si jamais Potentat a eu la gloire de s'être frayé le chemin au trône par des moyens aussi légitimes, par des exploits, par des bienfaits ; de s'y maintenir par les mêmes voies, et cela dans *un siècle* et dans *une partie du monde* où les révolutions de ce genre soient aussi rares ; chez une *Nation* aussi éclairée, aussi constante dans son amour pour ses Princes ; pour une *couronne* aussi belle, aussi capable de satisfaire la plus noble ambition. Non, la gloire de NAPOLÉON est unique dans les fastes du monde : la Providence l'a conduit par la main pour le placer sur le trône ; elle l'a marqué de son cachet pour être l'admiration de ses amis et de ses ennemis.

2.º Ses ennemis ! Mais où sont-ils, sinon parmi ceux du nom Français ? A-t-il jamais abusé de la victoire ? Ne traite-t-il pas toujours au contraire les vaincus avec sa générosité naturelle ? Est-ce lui qui les a provoqués lorsque sous l'apparence d'une médiation armée, ils favorisaient de tous leurs moyens l'ennemi véritable avec lequel nous étions en guerre ouverte, lorsqu'ils ont envahi les états de notre allié ? Non, mais les ennemis de NAPOLÉON ce sont les nôtres, ce sont ceux qui voudraient voir la France affaiblie, appauvrie, dégradée. Ce sont ceux qui ont déjà essayé d'y porter le

fer

fer et le feu et les horreurs de la guerre civile.
Ce sont ceux qui voudraient se partager nos
dépouilles : ils ont dit, *je les poursuivrai, je les
atteindrai, je partagerai le butin.* Ce sont ceux
qui auraient des vengeances à exercer; tous ceux
qui pour se satisfaire auraient besoin que la France
devînt de nouveau le théâtre du brigandage,
que les. Français s'armassent les uns contre les
autres; que les intérêts de l'État fussent trahis,
ses secrets vendus, son crédit anéanti, son commerce ruiné, ses armées mécontentes. Et au lieu
de tous ces maux ils ont vu l'ordre se rétablir,
la prospérité publique renaître, l'union des
esprits et des cœurs s'affermir, le zèle, la fidélité inaltérable des principaux fonctionnaires
assurer la marche du Gouvernement, les armées
n'ayant d'autre ambition que de conserver leur
gloire pour la défense de la Patrie. Ils l'ont vu,
ils le voyent et ils savent que cet ordre, cette
union, ce zèle, cette fidélité sont principalement
l'ouvrage du Chef qui, tenant d'une main ferme
les rênes de l'Empire, donne à toutes choses l'im-
pulsion nécessaire et anime du feu de son génie
les Sénateurs, les Ministres, les Conseillers d'É-
tat, les Législateurs, les Administrateurs, les
Généraux, les Officiers et les Soldats. Voilà,
voilà le digne objet de leur haine. Mais aussi
voilà l'objet de la reconnaissance *de l'amour de*

B

tous les vrais Français. Avoir délivré la France de l'anarchie au dedans, et conduit nos armées à la victoire au dehors ; avoir donné à l'Empire les meilleures lois, celle en particulier de la liberté des Cultes ; avoir établi le meilleur système d'Administration ; avoir rendu à la Nation la prépondérance qui lui appartenait et assuré la liberté, la tranquillité des individus ; et pour produire toutes ces choses avoir renoncé aux plaisirs et au repos, voilà, O NAPOLÉON, notre glorieux Empereur, voilà ce qui vous donne et vous assure à jamais les droits les plus incontestables sur nos cœurs. Vos nouvelles victoires que nous célébrons aujourd'hui viennent encore augmenter s'il se peut l'éclat de votre renommée et la gloire de la grande Nation. Elles sont une nouvelle garantie de notre tranquillité intérieure ; mais nous n'avons besoin d'y voir que l'essor et le développement du grand caractère dont le Ciel vous a doué, la suite, l'effet de votre généreux dévouement pour le salut de l'Empire. Vous voulez même que nous rapportions une partie de cette gloire aux Généraux, Officiers et Soldats de la grande Armée. Nous entrons volontiers dans cette pensée digne de vous ; nous ne voulons nous-même être ingrats envers aucun de ceux qui servent la Patrie, à Dieu ne plaise ! Nous applaudissons aux éloges, aux récompenses que vous leur décernés , mais nous nous attachons à vous seul comme à notre Libérateur et au Père du peuple : *A César ce qui est à César.*

3°. Avec ces sentimens , M. F. , sentimens si légitimes et si bien fondés , vous éprouvez aussi celui de la *Confiance* la plus entière pour le Héros qui l'a *jusqu'ici* si bien justifiée , et même l'a surpassée. En effet il nous a tellement accoutumés aux prodiges que nous ne sommes presque plus étonnés. Nous pouvons tout attendre de lui. La hardiesse et la sureté des combinaisons de son génie lui rendent facile ce qui surpasse la conception du plus grand nombre , et son amour ardent pour le grand bien qu'il peut opérer , enflamme ses pensées et l'anime dans ses travaux. Que faut-il de plus pour que nous le regardions comme notre Ange tutélaire , comme élu par la Providence pour assurer notre gloire et notre bonheur ?

4°. Enfin , M. F. , ce que nous devons à César c'est l'obéissance et le dévouement. C'est-là une obligation de tous les sujets envers leur Prince , mais jamais elle ne fut plus indispensable envers César que quand César lui - même ne s'épargne point. Vous connaissez ces belles paroles qu'il adressa au Sénat avant son départ; *Français votre Empereur fera son devoir , mes soldats fe-*

ront le leur, vous ferez le vôtre. Et vous savez comment ce Héros a depuis accompli sa promesse; comment avec une diligence incroyable, une activité sans exemple, essuyant les fatigues des veilles, de l'intempérie des saisons, NAPOLÉON a vaincu. Toute l'Armée docile à la voix de son Chef, brûlante d'ardeur, impatiente de vaincre, mais se soumettant à des marches et à de contre-marches pénibles qui auraient paru impossibles à d'autres armées, a achevé son expédition avec une rapidité inconcevable; Elle a terminé sa campagne en un mois, et se dispose à de nouveaux triomphes. A ce spectacle étonnant, à l'ouïe de ces paroles pleines de noblesse et de vérité, le peuple Français ne s'imposera-t-il pas l'obligation, et ne sentira-t-il pas qu'il l'a contractée, de soutenir sa gloire et celle de son Empereur par tous les moyens possibles ?

Oui, c'est là son devoir comme son intérêt. Il faut qu'il continue à mériter *le titre de Grand Peuple, dont Sa Majesté le salua au milieu des champs de bataille,* comme Elle le rappelle dans le même discours. Il faut que chacun, fier du nom Français, et jaloux de le mériter, se rende au poste que la loi lui assigne, qu'il fasse tous les sacrifices auxquels elle l'appelle, qu'il anime, qu'il encourage, qu'il console ceux qui en ont

besoin, qu'en un mot, un même esprit de dévouement pour le salut de l'État , et pour le succès
des magnanimes desseins de son auguste Chef,
s'empare de tous les Citoyens. --- Partagez , partagez tous ces sentimens vous-même , M. F., à
qui les attachemens les plus naturels , les plus
légitimes , rendent plus difficiles les sacrifices
qu'on exige de vous. Pères et Mères attendris ,
Épouses alarmées à l'idée des dangers que vont
courir vos Enfans , vos Époux , efforcez-vous
de surmonter ces mouvemens de la nature. Dites-
vous à vous-même que le devoir doit l'emporter
sur l'inclination ; que l'intérêt général demande
nécessairement des sacrifices particuliers ; que la
loi qui vous fait gémir est la même pour tous ;
que nous profitons tous de ce moyen de défense
générale , que s'il n'existait pas , ou tout autre
équivalent , nous serions tous exposés à la fureur
du soldat ennemi , et aux horreurs de la guerre
civile.

Pensez que vos Enfans , que vos Époux , en
répondant à l'appel de la Loi , de la Patrie ,
acquièrent des droits à la reconnaissance publique , qu'ils participeront à la gloire de nos Armées ,
qu'ils moissonneront peut-être eux-mêmes des
lauriers dont ils pourront se glorifier personnellement pendant le reste de leurs jours. Ha ! gar-
dez-vous d'exposer leur valeur à se refroidir par

les témoignages inconsidérés de votre tendresse. Aidez-les plutôt à s'arracher de vos bras. Quels regrets pour eux et pour vous, si venant à manquer au devoir au lieu de se couvrir d'honneur, ils se voyaient couverts de honte, exclus du nombre des braves, à qui L'EMPEREUR décernera des récompenses ou des éloges ? Que dis-je ! Non, vous ne les retiendrez pas. Ils brûlent de servir sous les yeux de notre Héros. Ils s'estimeraient heureux de mourir pour lui. Ils s'impatientent de se distinguer par leurs exploits. Ils craignent déjà que la guerre ne soit terminée avant qu'ils aient pu servir la Patrie. Oui, partez brave jeunesse, Volez sous les drapeaux de NAPOLÉON. L'honneur, le devoir vous appellent. Nos vœux, nos prières vous accompagneront par tout, et nous garderons l'espérance que vous reviendrez bientôt rapporter dans le sein de vos familles la gloire et le bonheur d'avoir contribué à leur assurer ainsi qu'à tous vos compatriotes, la jouissance de tous les biens que la Providence nous accorde, et d'avoir en affermissant le trône, porté à son comble la prospérité de l'Empire et assuré le repos de l'Église.

CONCLUSION. --- Tels sont, M. T. C. F., les sentimens qui doivent nous animer tous. Tels sont les vœux que nous devons former, les efforts, les sacrifices que nous devons faire chacun en ce qui le concerne. Nous le devons soit comme *Français* soit comme *Chrétiens*, et c'est sous ce point de vue que je résumerai toutes mes réflexions. --- *Français*, l'honneur national, garant de notre indépendance, doit nous être plus cher que la vie. *Français et Chrétiens*, nous devons respect, obéissance, fidélité à l'Empereur qui a sauvé la France et que la Providence a couronné. --- *Français*, nous devons désirer que les douceurs que nous trouvons dans notre Patrie, fruit d'une paisible industrie et de la civilisation, autant que du plus heureux climat, nous soient conservées; que ces avantages qui excitent la jalousie des nations étrangères ne soient pas exposés aux ravages, à la dévastation des barbares du Nord qui viendraient encore comme autrefois porter la désolation dans les contrées Méridionales de l'Europe. *Français, Chrétiens et Chrétiens réformés*, nous devons chérir et défendre la liberté que nous avons aujourd'hui, *de servir Dieu paisiblement en toute piété et honnêteté*, liberté précieuse après laquelle nous avons soupiré si longtemps. Nous devons en bénir après Dieu notre Empereur de qui nous la tenons, et redouter au contraire le fanatisme de la maison d'Autriche de tout temps ennemie, de la réformation et qui semble même depuis quelques années vouloir plus que jamais repousser les lumières et s'armer de l'ignorance des peuples. --- *Français*, nous pouvons et nous devons nous reposer sur le génie et la valeur de notre Héros, sur la bravoure de nos Armées; mais aussi qui pourrait être assez ingrat et assez injuste pour leur refuser les secours qui sont en notre pouvoir ? *Français et Chrétiens*, nous devons *rendre à Dieu ce qui est à Dieu*, reconnaître que c'est sa protection, sa bénédiction qui donne la victoire, et invoquer avec notre Empereur, et pour lui le secours de celui qui le ramena d'Égypte. --- *Français*, nous devons participer de cœur et contribuer de fait aux exploits qui illustrent la nation Française, et la couvrent à jamais de gloire. *Français et Chrétiens*, nous devons désirer la paix, mais une paix honorable et solide, durable, permanente, à la faveur de laquelle les peuples apprennent enfin et s'accoutument par un long usage à se regarder comme frères, membres de la grande Famille dont le Père commun est aux Cieux. --- Oui, M. F., voilà la paix que nous devons désirer et que nous avons à conquérir. Hâtons, hâtons par nos vœux et par nos efforts ces temps heureux promis par les Prophètes où tous les peuples n'en formeront qu'un seul sur lequel régneront la piété et la charité, en attendant l'époque finale où *Dieu sera tout en tous.* O Seigneur, quand viendras tu apporter sur la terre la paix et le bonheur ? *Seigneur-Jesus, viens bientôt ! Amen ! Oui, Seigneur-Jesus, viens ! Amen !* Amen !

———————

Après ce Discours prononcé devant l'assemblée générale de l'Église consistoriale d'Anduze et en présence des autorités locales (de la Mairie, la Justice de paix et le Tribunal de commerce) qui avaient été invitées à la cérémonie, le *Te Deum* fut chanté en chœur et la prière suivante fut ajoutée aux prières ordinaires, qui se font avant et après le Sermon.

———————

PRIÈRE

RELATIVE A LA CIRCONSTANCE.

———————

Souverain Maitre du Monde, toi qui règles les destinées des Nations et qui nous as commandé de te prier les uns pour les autres, particulièrement pour tous *ceux qui sont élevés en dignité*, nous te prions spécialement pour Napoléon, Empereur des Français, pour l'Impératrice, son Auguste Épouse, et pour toute la famille Impériale. Répands sur l'Empereur toutes tes bénédictions ; dirige ses vues et ses entreprises, et fait que sous son Empire nous voyons régner la Religion, les bonnes mœurs, l'abondance et la paix.

Tu sais, O notre Dieu, avec quelle fidélité nous et nos pères t'avons toujours adressé de tels vœux pour nos Souverains, lors même que nous en étions opprimés : Comment ne nous acquiterions-nous pas de ce devoir aujourd'hui, que nous avons recouvré nos droits de citoyens et que nous jouissons comme Chrétiens-Reformés d'une sécurité parfaite ? Comment n'implorerions-nous pas tes bénédictions sur l'État et son Gouvernement, tandis que son Auguste Chef nous y invite et veut lui-même te rendre cet hommage solennel, par l'organe des Ministres de la Religion ? --- Il est vrai, ô notre Père Céleste ! que le sujet particulier pour lequel la France t'invoque depuis quelque temps, fait frémir l'humanité et surtout fait gémir la charité Chrétienne. A peine commencions nous à jouir de la paix, de cette paix que tous les cœurs avaient appelée comme le remède à tous nos maux et la source de tous les biens, qu'un cri de guerre s'éleva de l'autre côté de la Mer. Il eût été étouffé si la voix de la raison et de la piété eussent pu se faire entendre, mais il a retenti dans toute l'Europe. De nouveaux ennemis nous menacent. Tes Sanctuaires, ô notre Dieu, peuvent-ils demeurer étrangers à ces grands événemens ? Non sans doute. Nous commencerons, ô notre Souverain Juge; par reconnaître dans le retour et la prolongation de ce terrible fléau, le droit que tu as de nous punir. Tu nous avais frappés, même à coups redoublés et nous n'étions pas encore entièrement convertis. Ta miséricorde nous avait épargnés et sauvés, et notre reconnaissance n'était pas proportionnée à tes bienfaits. Nous nous humilierons donc profondément devant toi ; nous nous efforcerons de nouveau d'appaiser ta colère par notre sincère repentance. Oui, frappe, Seigneur, si tu le juges à propos, mais pardonne enfin à ton Peuple, sauve son héritage, fait grâce à des pécheurs qui reviennent à toi dans le sentiment de ta justice et de leur indignité.

Mais autant, ô notre Dieu, nous nous humilions devant Ta Majesté Suprême, autant nous te prions de permettre que nous nous relevions en présence de ceux qui s'élèvent injustement contre nous, et nous osons te demander d'être toi-même le Juge de nos différens. Si nous avions violé la foi des traités, si notre ambition prodiguait le sang humain et sacrifiait le repos du monde, quelle faveur pourrions-nous attendre de toi, Dieu de justice et de paix! Mais si nous ne réclamons que le maintien du droit public, si nous ne recourons aux armes que forcés par la nécessité d'une juste défense, déclare toi pour nous, ô notre Dieu! Confonds l'injustice et la cupidité. Fais sentir aux Gouvernemens qui nous attaquent à quels dangers il s'exposent en violant les lois de l'ordre moral, par lesquelles tu veux régir le genre humain. Qu'ils reviennent à des sentimens d'équité, de conciliation et de paix. Ou si au contraire ils persistent dans leur témérité, rends tous leurs conseils et leurs efforts inutiles, et accorde nous la victoire la plus prompte qui coûte à l'humanité le moins de larmes qu'il sera possible, mais qui nous donne une paix solide tant par nos succès que par notre modération.

Cette prière que nous t'avons déjà souvent adressée, ô notre Dieu, nous te l'adressons encore avec d'autant plus de confiance que tu as déjà commencé à l'exaucer, et nous te rendons à ce sujet nos plus vives actions de grâces. Déjà tu nous as accordé une victoire telle que nous la désirions, décisive et néanmoins peu sanglante. Ce sont nos ennemis qui éprouvent maintenant la terreur et les alarmes que nous te demandions d'éloigner de nous, et par les brillans avantages déjà remportés sur eux, tu nous donnes l'espérance

d'en remporter de nouveaux , s'il est nécessaire , pour conquérir la paix. O notre Dieu !
c'est à ta bonté, à ta bonté uniquement que
nous attribuons ces heureux succès de nos
armes, et nous formons la résolution de nous
en rendre plus dignes que nous ne le sommes.
Continue , Dieu tout bon ! à nous être propice.
N'écoute plus que ta miséricorde envers des pécheurs qui te demandent grâce. Que les châtimens passés suffisent pour produire les effets sa-
lutaires auxquels tu les destinais. Que tes nouveaux
bienfaits fassent sur nous une impression ineffa-
çable , de reconnaissance et de dévouement pour
ton saint service! Qu'ainsi nous puissions dé-
sormais t'être agréables et devenir les objets de
ta bienveillance. ----- Bénis, ô notre Père Céleste ,
notre chère Patrie et tous ceux qui participent
à son Gouvernement , nous te le demandons encore avec ardeur , veille spécialement sur la personne sacrée de l'Empereur, surtout au milieu des
dangers qu'il brave pour le salut de l'Empire.
Sois partout son guide et son bouclier. Il a paru
jusqu'ici être l'instrument élu de ta Providence
pour ramener l'ordre et la prospérité dans l'Empire. Arbitre Suprême des destinées, ne per-
mets pas que ce grand bienfait dont nous jouissons déjà reçoive aucune atteinte, et que ses heu-
reuses conséquences nous soient ravies. Main-
tiens chaque partie de l'Administration publi-

que dans ses utiles et honorable fonctions. Bénis le Sénat Conservateur et le Conseil d'État, le Tribunat et le Corps Législatif. Bénis les Magistrats de tout ordre. Bénis les Armées. Bénis le Peuple entier. Fais y régner la piété sans superstition et sans fanatisme à la faveur de la liberté des Cultes, le patriotisme et la concorde, l'énergie et la prudence, les lumières et le bonheur, l'abondance et la vertu.

Pour nous, ó notre Dieu et notre Père Céleste ! Toujours prêts à remplir les devoirs auxquels tu nous appelles, chacun suivant sa vocation et soumis aux lois dans tout ce qu'elles pourront nous prescrire, pour tous les sacrifices qu'elles pourront exiger de nous, nous continuerons à t'adresser nos vœux comme Moyse et Aaron sur la montagne levaient les mains vers le Ciel, tandis que Josué combattait dans la plaine ; et quels que soient les événemens que nous prépare ta Providence, dont les desseins sont impénétrables, nous te demanderons par dessus toutes choses de nous faire vivre dans ton amour et dans ta crainte, afin que nous puissions aussi mourir en ta grâce et ressusciter un jour dans ta gloire. Exauce-nous, ó notre Dieu ! Nous t'en conjurons par celui que tu exauças toujours, qui vit et règne avec toi et le St.-Esprit. *Dieu béni éternellement.* Amen !

F I N.